Herstellung und Verlag:
Books on Demand GmbH, Norderstedt

Bibliografische Information der Deutschen Nationalbibliothek
Die Deutsche Nationalbibliothek verzeichnet diese
Publikation in der Deutschen Nationalbibliografie;
detaillierte bibliografische Daten sind im Internet über
http://dnb.d-nb.de abrufbar.

ISBN 978-3-8370-3578-0

Sylvia B.

hexenhausgeflüster

Ein modernes Märchen für Erwachsene

liebes lieschen
wie geht es dir
mir geht es gut

bei uns hat sich in letzter zeit
ganz viel ereignet
und ich komme erst jetzt dazu
dir zu schreiben

Du hast sicher auf post von mir gewartet
und weil das alles was ich dir
zu berichten habe
viel zu lang für einen brief ist
habe ich mir überlegt
ein buch daraus zu machen

es fing alles damit an
dass charlotte und ich

Du erinnerst dich
charlotte ist die seele meiner uromi
die sich überlegt hat
durch mich wiedergeboren zu werden
betrachte sie bitte eher mit deinem
vorsichtig spirituellem auge
und stelle es dir so vor
dass charlotte und ich eins sind
ähm nun ja
charlotte ist ein geist
aber das müsstest Du ja noch wissen
auf jeden fall sind wir ein gutes team

wie dem auch sei liebes lieschen
charlotte und ich sind irgendwann
an diesem traum von einem
hexenhäuschen vorbei gekommen
es liegt in einem wäldchen
gehört zu einer hofstelle
und wie wir später erfahren haben
war es in früheren zeiten
ein schweinestall

rümpf jetzt bitte nicht die nase
obwohl um ganz ehrlich zu sein
auf unseren zweiten blick haben
charlotte und ich das auch getan
aber auf den ersten blick
haben wir uns beide spontan
in dieses häuschen verliebt
und den beschluss gefasst
dass wir dieses hexenhaus
für uns erobern wollen

die penthauswohnung ist auf dauer
eh nicht unser ding
wir lieben doch die gemütlichkeit
was soll ich sagen liebes lieschen
es hing ein zettel am baum vor dem haus
und darauf stand geschrieben
zimmer frei in wohngemeinschaft
charlotte drängelte da habe ich doch
gleich geklingelt
und es wurde uns aufgetan
und hier beginnt schon unsere
geschichte vom **hexenhausgeflüster**

Sag mal lieschen du kennst doch
die verfilmung von dem bekannten
buch das davon handelt dass sich
ein arzt ein monster schafft
darin kam so ein faktotum vor
das ging ganz krumm
zog ein bein nach und liebenswert
war es auch nicht
jetzt stell dir diese person vor
relativ aufrecht gehend
und mit gesunden beinen
dann weißt Du wie juri aussieht
der uns die tür öffnete

genau kann ich nicht sagen
was juri für ein landsmann ist
auf jeden fall kommt er von auswärts
was ja nichts zu bedeuten hat

ein hauch von freundlichkeit überzog juris
blasses gesicht als ich ihn auf den zettel
aufmerksam machte
und er führte uns bereitwillig
durch das haus

charlotte schwieg
ich auch

auf meine frage wie denn üblicherweise
auf den staub im haus
sinnvoll reagiert wird
antwortete mir juri dass er regelmäßig
alle fenster und türen öffnet

und für einen ordentlichen
durchzug sorgt
der staub und dreck einfach
aus dem haus wirbelt

dazu schwiegen charlotte und ich

die spinnweben sind
als romantisches beiwerk zu betrachten
und geben diesem haus
den besonderen charme

juri hatte für alles eine erklärung
uns schien es so
als wenn er meine fragen schon
von anderer seite vernommen hatte
seine antworten kamen so spontan
und oft reichte nur
ein fragender blick von mir

ein glück dass juri
charlottes gesichtsausdruck
nicht sehen konnte
als geistwesen das sie nun einmal ist
braucht sie sich ihm
überhaupt nicht zu zeigen
was auch ganz gut so ist

das fenster in dem freien zimmer
ließ den blick auf ein stück erde richten
dort könnten wir
einen wunderschönen garten anlegen

und wie charlotte und ich noch
mit dieser überlegung beschäftigt waren
stand plötzlich
ein baum von einem kerl im raum
und juri stellte uns bonsai vor
der die obere etage des hauses bewohnt

so richtig konnte ich mir das nicht
erklären warum die beiden so drängelten
und mir unbedingt dieses zimmer
aufschwatzen wollten
selbst mein argument
dass ich hund und katzen habe
schien die beiden zu entzücken
und nicht abzuschrecken
obwohl bonsai vorher erklärt hatte
dass er allergiker sei

wir haben dann gemeinsam beschlossen
die ganze angelegenheit zu durchdenken
und dass ich mich melden werde
im laufe der woche
und liebes lieschen mit charlotte hatte ich
ein ernstes wort zu reden

*g*lücklich im penthaus angekommen
musste ich erst einmal
ein heißes bad nehmen
und während ich umhüllt
von ätherischen ölen im wasser versank
kam meine ansprache an charlotte

niemals ziehe ich in dieses haus
mit den knaben stimmt etwas nicht
die bruchbude ist total verdreckt
da ist kein garten angelegt
ich bin doch nicht bescheuert

charlotte wusch mir sanft den kopf
bedenke so führte sie aus
du hast eine aufgabe
die du zu erfüllen hast
und die kann nicht darin liegen
dass du dem schnöden mammon frönst
die firma läuft auch ohne uns
die wohnung hier behalten wir
so können wir uns zurückziehen
wenn es uns dort zu eng wird

dann erkläre mir liebe charlotte
wo denn in diesem schweinestall
meine aufgabe zu sehen ist außer
dass ich die putzfrau
für die beiden mache und dafür
auch noch miete zahlen darf
das häuschen ist ein traum und wird
für uns zum albtraum werden
mit den beiden kerlen stimmt etwas nicht

dann liebes lieschen
hielt mir meine charlotte einen vortrag
über den spirituellen teil unserer seelen
darüber dass wir den bislang
mehr als vernachlässigt haben
und dass das hexenhaus
meine liebe brauchen würde

dass die energieströme im boden
sich im chaos befinden und
dringend geordnet werden sollten
dass dort einmal ein schlachtfeld war
und verirrte seelen
endlich ins licht geführt werden sollten

ich ließ heißes wasser nachlaufen
und meinte dass es vielleicht reicht
die fenster dort zu putzen
damit die liebe sonne das haus
mit licht und wärme erfüllen kann

die katzen tiger und moritz
lauschten vom rand der wanne
interessiert unseren ausführungen
bella mein kleiner kläffer
lag auf dem korbsessel
und spitzte die ohren

denk doch auch einmal an deine tiere
sagte charlotte
die katzen hätten endlich auch
eine aufgabe die ihre bestimmung ist

welche aufgabe könnte das sein
war meine frage

mäuse fangen meinte charlotte

wir einigten uns darauf
eine nacht über alles zu schlafen

und am nächsten tag
ohne voranmeldung
das häuschen und die umgebung
noch einmal gründlich zu betrachten

*a*ls der morgen erwachte
habe ich mich ans werk gemacht
und nachforschungen betrieben

auf der hofanlage schien in der tat
ein fluch zu liegen
abgebrannt aufgebaut misswirtschaft
bis ein neuer besitzer alles umbaute
und wohnungen schuf

der wald um die anlage wirkte mehr als
mystisch fast schon konnte er mir
angst machen aber charlotte war bei mir
und ich fürchte mich doch nicht

als wir uns
dem hexenhäuschen näherten
hörten wir laute männerstimmen
es schien ein heftiger streit
im gang zu sein
wir kauerten uns hinter eine eiche
und hörten gespannt zu

juri und bonsai stritten mit einem mann
der ein einheimischer zu sein schien
wie ich sofort erkannte ein poahlbürger
scheinbar der besitzer der anlage

dieser nahm offensichtlich anstoß
an juris mehr als naturnaher pflege
seines gartens
und was ihn außerordentlich störte
war das hühnergehege welches juri
selbst gebaut hatte
und das den optischen mittelpunkt
des gartens ausmachte

juris einwand dass ein solches projekt
den menschen in entwicklungsländern
eine große freude bereiten würde
fand keine zustimmung
in einer sehr deutlichen sprache
bekam juri gesagt
dass er dann bitte mitsamt seiner hühner
in die diaspora ziehen solle
was juri nicht verstanden hat weil er
den begriff nicht kannte
und deshalb auch nicht dorthin wollte

charlotte und ich haben uns dann
tiefer in den wald verdrückt
und aus der entfernung
den sachverhalt betrachtet

in der tat passten weder das
hühnergehege noch bonsais schrottautos
zu diesem ambiente und schon gar nicht
zu der kirschlorbeerhecke
die an das grundstück grenzt

ich sinnierte so hin und her
und dachte dabei
das bei genauer betrachtung
weder juri noch bonsai so richtig
in dieses gefüge passten
was der besitzer scheinbar längst
erkannt hatte
und ich wurde das gefühl nicht los
dass dieser sonst etwas
darum geben würde
wenn er die beiden von der hacke hätte

charlotte teilte meine meinung
dieses hexenhäuschen
hatte etwas ganz besonderes an sich
etwas in das wir uns verlieben könnten

*a*lso beschlossen charlotte und ich
in den nächsten tagen
die angelegenheit
in trockene tücher zu bringen
wir führten darum noch ein gespräch
wobei uns juri und bonsai
dabei noch eröffneten
ich hatte ja schon so eine ahnung
dass sie bekennende kiffer seien
für diese region auch unüblich
hier wird für gewöhnlich geschickert
um den brand zu löschen aber beim
kiffen geht es wohl mehr
um das zugedröhnt sein

das geständnis hat jedenfalls für uns
zum besseren verständnis der
lebenssituation der beiden beigetragen

ich habe mich als arme witwe
ausgegeben die
von einer schmalen rente lebt
damit habe ich gleich abgeblockt von
einem der beiden angepumpt zu werden
aus meiner firma habe ich dann
einige mitarbeiter abgezogen
diese zur verschwiegenheit ermahnt
und sie den beiden
als freunde von mir vorgestellt
die mir beim renovieren helfen

so dauerte es nicht lange bis ich
mein zimmerchen mit meinen tieren
beziehen konnte
für bella habe ich umgehend
einen teich angelegt damit sie sich
nach den waldspaziergängen
erfrischen kann
tiger und moritz fanden sofort anschluss
in gestalt von mimmi

im nu blühte und grünte es
im hinteren bereich des gartens
und juri blickte ein wenig neidisch
von seinem hühnergehege
auf meine blumenpracht

bonsai war meistens unterwegs
irgendwelche geschäfte die er führte
was mich allerdings wunderte war
dass er ständig merkwürdige gestalten
zu besuch hatte
die blieben nicht lange
und machten nicht den eindruck
dass es freunde von ihm waren

juri machte scheinbar irgendwo
nachtdienst und verschlief den tag
so kam es mir jedenfalls vor

was mich allerdings schon sehr störte
war dieser geruch
der im ganzen haus lag
juri brachte dann noch
seine persönliche duftmarke dazu
er war der ansicht
dass häufiges waschen der haut schade
und lüften der räume
nur zu hohen feiertagen sinn gab

mich hat er dann ganz schnell
als krankhaft putzsüchtig eingestuft
jeder der mich kennt weiß
dass das eine schlichte lüge ist
aber liebes lieschen
dafür kennst Du mich auch
stehe ich doch was das angeht
über den dingen

wie dem auch sei
juri und bonsai gerieten böse in streit
und die angelegenheit entwickelt sich
auch dank charlottes hilfe
für uns richtig gut

*a*ber zuerst liebes lieschen
berichte ich dir
von den spirituellen fortschritten
die charlotte und ich machen

dieser ort hat wirklich etwas
chaotisch geheimnisvolles
wir entwickeln hier fähigkeiten von denen
wir noch im penthaus das wir übrigens
äußerst selten aufsuchen
nicht im geringsten etwas erahnten

lieschen stell dir vor
charlotte kann sich mittlerweile
aus unserem körper lösen
und sozusagen
auf seelenwanderung gehen

wir haben das erst ganz vorsichtig
ausprobiert und dann schon praktisch
erprobt als tiger nicht nach hause kam
charlotte hat ihn dann beim nachbarn im
pferdestall entdeckt wie er mit mimmi
katzelte dieser schlingel

und auch bei dem streit
den die beiden kiffer hatten
leistete diese bewusste wanderung
mehr als gute dienste
lieschen wir hatten einen spaß
ich will es dir berichten

also juri hatte den vertrag mit den
stromwerken abgeschlossen
und bekam
eine dicke nachforderung zugeschickt
darüber ist er mit bonsai
zusammengeraten die beiden
haben sich richtig angebrüllt
weil bonsai wohl ein bisschen klamm war
juri übrigens auch
und da sie sich nicht einigen konnten
wer jetzt die summe bezahlt
wurde nichts überwiesen

die versorger sind dann an einem
freitag mittag heraus gekommen
haben den strom gesperrt
und ein kästchen aufgehängt
in das man geld schmeißen muss
damit hier im haus
das licht wieder brennt
dieser kasten wurde
im hauptgebäude angebracht
das kam noch erschwerend dazu

charlotte und ich haben davon erfahren
als wir am frühen nachmittag
zurückkamen
und ein schlimmer gestank
in der einfahrt lag

Du musst wissen lieschen
über einen zwischenzähler
läuft noch die belüftung
der hofsickergrube
über den stromanschluss
des hexenhauses

bonsai schlug kurz nach mir auf
und ahnte schon schlimmes
ein nachbar aus dem hauptgebäude
kam nämlich angelaufen
und berichtet von der aktion
der stromwerke

bonsai implodierte
hatte schaum vor dem mund
und prügelte juri
aus dessen remphase
dieser hatte die aktion komplett verpennt
und rief nach seiner mama

bonsai hat dann juri das kleingeld aus
der wäsche geschüttelt und lief
umgehend in den nebentrakt
um den kasten zu füttern
dann ging der kühlschrank
wieder in betrieb
und die lüftung der sickergrube auch

ich musste auch nach kleingeld suchen
scheine oder american express nimmt
diese notversorgung nicht an
juri durfte sich auf den weg
zur bank machen damit wir
über das wochenende kamen

bonsai hatte ihn dergestalt instruiert
dass es kein loch geben würde
in das juri kriechen könnte
wenn er es wagen sollte
nicht zurück zu kommen
das hatte gesessen und juri kam
mit schlotternden knien
und den taschen voller kleingeld
relativ schnell zum haus zurück

was mich allerdings sehr wunderte
war bonsais verhalten
er hatte umgehend
seine räumlichkeiten aufgesucht
weinte oben und faselte ständig
von seinen armen babys
aber kiffen macht ja
wissenschaftlich bewiesen blöde
lass bloß die finger von dem zeug
liebes lieschen

juri ist dann mit luftmatratze und
schlafsack in den technikraum gezogen
wo er das wochenende verbringen durfte
und jedes mal wenn ein signallämpchen
tickerte musste er den kasten auffüllen

lieschen ich habe natürlich
meinen clubabend sofort abgesagt
dieses ereignis durften wir uns
nicht entgehen lassen

irgendwann tat uns juri leid
und wir brachten ihm am abend
eine warme suppe

in der nacht ist charlotte
auf wanderung gegangen
sie hatte bemerkt
dass das licht flackerte und fand juri
schlafend auf dem boden liegend vor

es dauerte nicht lange bis bonsai
den schläfer wach prügelte
der dann wieder schnell
die münzen nachlegte

das war eine unruhige nacht
und die folgende auch
aber charlotte und ich
hatten unseren spaß

bonsai suchte das gespräch mit uns
und meinte dass auch er
ein problem mit den stromwerken hätte
noch eine altlast aus früherer zeit
und ob ich nicht einspringen könnte
denn bis montag müsste
eine lösung gefunden werden

ich habe ihm gesagt dass wir am sonntag
die karten neu mischen sollten und in
ruhe und mit bedacht
auch eine regelung finden werden

charlotte war hoch zufrieden mit mir
und ich auch mit ihr

*a*m sonntag saßen charlotte und ich
mit bonsai am runden tisch

überraschende einigkeit auf allen seiten
herrschte über den gedanken
dass juris beiträge zur wohnsituation
nicht unbedingt zu einem harmonischen
zusammenleben beitrugen

wie bonsai mir mitteilte
hatte es bereits in der vergangenheit
immer wieder aussetzer bei juri gegeben
die sache mit dem stromkasten
war nur der bekannte tropfen
der das fass zum überlaufen brachte
juri hatte eindeutig
ein problem mit drogen

darauf fragte ich bonsai
ob er das nicht auch hätte

seine antwort darauf war dass er nur ein
problem ohne aber nicht mit drogen habe

das ließ natürlich tief blicken
eine solche ehrlichkeit hatten charlotte
und ich nicht erwartet erklärte sie
aber auch bonsais ständige
finanzielle schwierigkeiten
wobei er mit dem geld auch nur
probleme ohne hatte nicht mit
und irgendwelche physikalischen gesetze
sorgten dafür dass sich das geld
in bonsais händen ständig verflüssigte
so herrschte die schwindsucht
in seinem geldbeutel

wie dem auch sei liebes lieschen
ich habe mich bereit erklärt
die verantwortung für die
stromversorgung zu übernehmen
diese maßnahme aber
an die bedingung geknüpft
dass für juri in angemessener zeit eine
neue bleibe zu finden sei

bonsai schlug dafür als zeitrahmen
vorgestern vor
das erschien uns etwas unrealistisch

wie sich dann später herausstellte ging
juri mit dem gedanken einer räumlichen
veränderung schon selbst
seit geraumer zeit schwanger
meine putzattacken verursachten bei ihm
nesselsucht die ständige angst
über einen meiner wischeimer
zu stolpern wirkte schon pathologisch

und bonsais wutausbrüche
er ist auch ein bekennender choleriker
setzten juris zartem gemüt bedenklich zu

und ohne lange überedungskunst
packte juri
seine habseligkeiten zusammen
klappte das gehege ein
und siedelte mit seinen hühnern
in den garten seiner ex freundin
die dort einen bauwagen geparkt hat

jetzt lebt dort juri lustig

juris plötzlicher auszug
musste die runde gemacht haben
der besitzer der hofanlage
hatte sich der hoffnung hingegeben
dass bonsai auch das feld räumen wollte
diese überlegung beruhte
auf einem irrtum
und so zog der entnervte wutschnaubend
und unter androhung
fürchterlicher sanktionen
von seinem anwesen
wer sich unter die kleie mischt
den fressen die schweine
auf mich war er verständlicherweise
auch nicht gut zu sprechen
und so trafen mich seine bösen blicke
die charlotte sofort neutralisierte
wir machten wirklich spirituelle fortschritte

nachdem juris räumlichkeiten
durch mich
in einen menschenwürdigen zustand
versetzt wurden
bezog ich dort quartier

bonsai hatte ich erzählt
dass ich jetzt stundenweise einer älteren
dame bei der hausarbeit behilflich sei
um mir damit die schmale rente
etwas aufzufrischen
und ich konnte ihn davon überzeugen
dass die anwesenheit
weiterer untermieter
nur für unruhe sorge

charlotte und ich breiteten uns aus
und in der folgezeit zog ich
mit dem einachsigen dreiseitenkipper
spaten und harke durch die gärten
und schnell entstand an der stelle
wo die hühner scharrten ein rosengarten
das glückte nur dadurch
dass ich die erde großflächig auskofferte
und komplett durch neue ersetzte
wo hühner scharren
wächst für gewöhnlich kein gras mehr

vor den eingang meiner neuen zimmer
setzte ich einen pavillon
über den die alte kletterrose
ihre zweige legte

der frühling kam und mit ihm
eine überwältigende blumenpracht
die wie ein rahmen das hexenhäuschen
zu einem gemälde machte

charlotte und ich
klatschten in meine händchen

was allerdings den gesamteindruck
schon empfindlich störte
waren bonsais leistungsnachweise

charlotte und ich vermuteten
dass er noch stundenweise
bei einem autoverwerter
einer beschäftigung nachging
und sich ständig heimarbeit
mit nach hause nahm

so erinnerte sowohl einfahrt
als auch
der angrenzende besucherparkplatz
an einen schrottplatz

aber gut ding will weile haben
und charlotte und ich hatten
uns erst anderen aufgaben zu widmen

Mimmi wurde
dank tigers unterstützung
glückliche mama und der hof
wurde durch drei entzückende
katzenkinder bereichert

mit unterstützung der nachbarin
aus dem nebengebäude
wurde der beschluss gefasst
einer weiteren vermehrung
mittels tierärztlichem eingriff
an allen katzen zu begegnen
was einfacher gesagt als getan war

aber mit viel geduld konnte
die maßnahme durchgeführt werden

eines der kleinen kätzchen hatte
eine böse entzündung an einem auge
welches leider nicht mehr
gerettet werden konnte
ich nahm äugelchen daraufhin bei mir auf
und sie dankte mir die liebevolle pflege
mit ihrer zuneigung

es kam charlotte und mir vor
als würde äugelchen von ihren brüdern
gehänselt werden
wegen ihrer behinderung
das hatte die kleine aber bestärkt
und im nu beeindruckte sie
durch gewagte kletteraktionen
auf den umliegenden bäumen

und welche freude als äugelchen ihr
erstes selbst gefangenes mäuschen
präsentierte
und während ihre hochnäsigen brüder
noch mächtigen respekt vor bella hatten
schloss äugelchen sie fest
in ihr herzchen
die beiden wurden
unzertrennliche freunde

äugelchen hatte es geschafft
und war stolz darauf

an einem lauen frühsommertag kam uns
meine freundin kornelia besuchen
sie ist eine bekannte schriftstellerin
und wir sahen gemeinsam mit freude
dem fröhlichen spiel der katzenschar
auf der wiese zu

an äugelchen hatten wir den meisten
spaß und charlotte meinte dass sie
eine außergewöhnliche katze sei

ja sinnierte konni
man muss nicht vollkommen sein
um etwas besonderes zu leisten

liebes lieschen denke an diese worte
sie werden noch bedeutung haben
aber dazu später mehr

liebes lieschen
das hexenhäuschen verwandelte sich
nach und nach innen wie außen
zu einem richtigen schmuckstück
das gefiel bonsai scheinbar auch
und so lud er immer mehr
besuchergruppen zu sich ein
die allerdings immer nur
ein kurzes gastspiel gaben
und dann gleich wieder verschwanden

es kam uns schon merkwürdig vor
aber ehrlich gesagt
wir hatten hier viel zu tun
und keine zeit uns ständig
gedanken darüber zu machen

wichtiges galt es zu erledigen
die energien um das haus
stimmten irgendwie nicht so richtig

charlotte meinte
dass wir unseren alten freund mac
der lange zeit in den highlands
gelebt hatte zu uns bitten sollten
mac ist spezialist für unterirdische
energiestraßen und freute sich sehr
über die einladung

kritisch durchforstete er
das haus und die umgebung

und stellte mit sehr ernstem gesicht fest
dass hier ein energiechaos
herrschen würde

habe ich das nicht gleich gesagt
meinte daraufhin charlotte

charlotte hatte wie immer recht

wie lässt sich das chaos nun ordnen

mac schlug einen entsprechenden
steinkreis vor
er ist auch spezialist in solchen dingen

so suchte ich vier größere steine
für die himmelsrichtungen
und acht kleinere steine aus
die den kreis runden sollten

nachdem ich genau anweisung bekam
wie weiter mit pflege und nutzung
zu verfahren sei
legte mac den kreis an

das ganze hatte schon
etwas rituelles an sich
es war ein ritual
und ich empfand es als sehr spannend

und Du wirst es nicht glauben
liebes lieschen
irgendwie wurde alles
nach und nach gut

Stell dir vor liebes lieschen
kurz nach macs aktion
klingelte ein schrotthändler an der tür
und fragte was mit bonsais heimarbeit
vorgesehen sei

ich nahm natürlich kurz rücksprache
und dann räumte der brave mann
tatsächlich einfahrt und parkplätze frei
mittlerweile musste nämlich der besuch
schon auf die grünstreifen
zum parken ausweichen
bei der gelegenheit
wurde auch der schuppen
in dem eigentlich
das brennholz für den winter
gelagert werden sollte
von den mopeds und fahrrädern
die bonsai im laufe der zeit
angeschleppt hatte gesäubert
auf einmal hatten wir ganz viel platz

siehst du meinte charlotte
der steinkreis wirkt schon
und
wir sollten ein fest geben

das war eine gute idee
an einem wunderschönen sommertag
lud ich meine freunde und nachbarn
zu einem umtrunk ein

charlotte und ich
schmückten den garten
im hinteren bereich
der sich förmlich
für solche aktivitäten anbietet
mit fackeln um den teich
und beleuchtung im pool
den ich auch angelegt hatte

es sah aus wie urlaub
und auf unsere gäste
machte alles einen guten eindruck
das ambiente wirkte
so elitär
fast vornehm

bonsai empfing seine besuchergruppen
auf der terrasse und führte sie dann
nach oben
er machte
ein irgendwie nachdenkliches gesicht
die ganze zeit über
und irgendwie wurde ich
das gefühl nicht los
dass ihm diese feier nicht so richtig
in den plan passte

meine gäste beäugelten
bonsais besuchergruppen

wobei mir erstmals auffiel
dass da schon ein mehr als reges
kommen und gehen zu verzeichnen war

und irgendwann

nahm mich ein freund zur seite
und fragte mich schon sehr direkt
was das wohl für geschäfte seien
denen sich bonsai widmet
es würde so aussehen
als wenn da etwas an der steuer
vorbei gehen würde

lieschen was soll ich sagen
die heiße phase schien eingeläutet

liebes lieschen
ein tabu ist ein tabu
bleibt ein tabu
und daran sollte nicht gerüttelt werden

und bonsais räumlichkeiten
sind tabu für mich
und auch ausdrücklich
tabu für charlotte
und ich würde es nicht wagen
dieses tabu zu brechen
es sei denn
es liegt ein notfall vor

lieschen
wir hatten einen notfall
jetzt ist das tabu gebrochen
und es ist noch schlimmeres passiert

mit charlotte kann ich es besprechen
sie war dabei
und dir kann ich es schreiben
mein lieschen in der not

lieschen glauben ist nicht wissen
und manchmal
ist wissen ohnmacht nicht macht
und manches wissen
kann zum glaubensverlust führen
wenn es um einen menschen geht

in diesem fall um bonsai

dem kann ich nichts mehr glauben
der hat uns ganz schön
an der nase herumgeführt
ich berichte

also
mit tiger musste ich zum tierarzt
hatte einen termin und zeitnot
als ich den lümmel in den transportkorb
packen will ist er mir stiften gegangen
und die treppe hoch zu bonsai
links um die ecke wo der schlafraum ist

bonsai sagte immer die tür sei zu
wegen seiner katzenallergie

ich laufe also hinter tiger her
und was soll ich sagen
die tür stand auf
und tiger war verschwunden

und wie ich den raum betrete
kommt mir ein gleißendes licht
aus der abstellkammer
der dachschräge entgegen
lieschen
bonsai hat sich dort
ein gewächshaus eingerichtet

und tiger war gerade im begriff
auf die blumenerde zu schiffen
auweia aubacke

ich bin dann in die kammer gekrochen
habe mir das kerlchen geschnappt
und wie ich wieder herausrobben will
entdecke ich
dass äugelchen schon vor dem tiger
das gewächshaus besucht hat
die erde war zerwühlt
die pflanzen herausgescharrt
ein botanisches schlachtfeld
bot sich meinen augen

lieschen stell dir vor
das äugelchen hat dem bonsai
die cannabisernte verschisselt

ein tabu ist ein tabu
was soll nun geschehen

Zuerst bin ich mit tiger zum arzt
alles in ordnung mit ihm
dann habe ich die anderen viecher
in meinen wagen verpackt
das fanden die überhaupt nicht schön
habe bonsai einen zettel geschrieben
dass eine freundin krank geworden sei
darum müsse ich ihre kinder hüten
und käme an dem tag nicht zurück
und bin dann mit charlotte und den tieren
in die penthauswohnung gefahren

dort ließ ich als erstes
wasser in die wanne einlaufen
das bad tat mir so gut

bonsai wird toben meinte ich

bonsai tobt sagte charlotte
die gute seele wandert wieder
und diesmal über eine solche distanz
wir machen fortschritte
das ist klar zu erkennen

er wird mich mitsamt der katzen
aus dem hause schmeißen wollen
das sind seine worte antwortete charlotte
lieschen wir hatten ein problem

es ist kein grund
zur kündigung einer mietsache
wenn ein äugelchen
die cannabisernte verschisselt
das habe ich ihm gesagt meinte charlotte

er kann dich hören
nein meinte sie
nicht richtig
aber sein unterbewusstsein kann es

charlotte Du kannst
über die psyche gehen
das ist ja eine ganz neue erfahrung
die mir sehr gut gefällt

charlotte meinte bescheiden
sie hätte einfach einen versuch gestartet
und dann bemerkt
dass bonsai nachdenklich
gegrummelt hatte

lieschen jetzt kommt
zu unserer spirituellen arbeit
noch die variante
der einflussnahme hinzu
ich ließ heißes wasser nachlaufen
und klatschte in die hände

wenn Du diese fähigkeit
noch weiter ausbaust liebe charlotte
wird alles gut
für uns

diese fähigkeit scheint nur
in einer notsituation anwendbar zu sein
wir müssen uns schon überlegen
wie wir weiter vorgehen werden
führte charlotte weiter aus

ein konzept für plan a
sollte erstellt werden
und wenn das nicht greift
sollte plan b schon stehen
und für den fall dass alle stricke reißen
müssen wir auf plan c
zurückgreifen können

wir brauchen auf jeden fall verbündete
vielleicht hat ja irgendjemand einen plan

*a*ch liebes lieschen
was soll ich sagen
uns ist nichts eingefallen

darum haben sich charlotte und ich
am nächsten tag bei elfi eingefunden
die auf der anderen seite
des flüsschens wohnt
das an den hofanlagen
durch die aue fließt

sie lebt auch in einem wald
und ist mit diesem eng verbunden

wie mac der highländer
und konni die schriftstellerin
kann sie charlotte sehen
und mit ihr sprechen
das erleichtert
die kommunikation ungemein

wir haben ihr das ereignis vom vortag
geschildert und sie fragte natürlich zuerst
ob ich mir da sicher sei
dass ich cannabispflanzen gesehen habe
es könnte ja durchaus sein
dass bonsai nebenbei
usambaraveilchen züchtet
oder orchideen

als alter maulwurf und gartengestalterin
kenne ich mich doch in der botanik aus

cannabis sativa linnaeus erkennbar
an den charakteristischen blättern
hat seinen ursprung wahrscheinlich
in zentralasien weist zwei unterarten auf
die eine wächst schnell wird in nördlichen
breiten angebaut
und wegen der fasern kultiviert
daraus werden
seile papier und stoffe hergestellt
wird oft auch hanf genannt

die andere unterart wächst schneller
hat einen hohen anteil
an psychoaktiven inhaltsstoffen
die entsprechend konsumiert
und bei längerer anwendung
zur verblödung führen

das verantwortliche volk für die
verbreitung waren die skythen
ein iranisches reitervolk
das mittlerweile ausgestorben ist
und deshalb

nicht mehr haftbar
gemacht werden kann
cannabis ist ein skythisches wort

der bekannteste hanfbauer war übrigens
george washington

meine ausführungen haben elfi
beeindruckt
und charlotte auch

elfi meinte dann
dass sie auch
kamille und pfefferminze
in ihrem garten zieht
vielleicht benutzt bonsai die pflanzen
mehr aus medizinischer sicht
darauf kam mein einwand
dass bonsai
nicht an grünem star erkrankt sei
und als mittel zur steigerung der potenz
sei es umstritten

was macht er denn damit fragte elfi
geld verdienen denke ich einmal so

und du bist sicher
dass es nicht die erste unterart ist
vielleicht steht noch irgendwo
ein webstuhl
den ihr beide übersehen habt

bonsai ist ein bekennender kiffer
und kein armer weber
war mein argument

elfi war dann endlich überzeugt
fragte sich allerdings
ob von diesen einnahmen
ein standesgemäßes leben möglich sei

bonsai wird auswärts zukaufen
wie er mir einmal gesagt hat
sei er importkaufmann
wobei er sich selbst
der beste kunde sein dürfte
darum kommt er auch
auf keinen grünen zweig

und das zeug ist etwas wert
damit lässt sich wirklich geld verdienen
fragte mich elfi

unze gras wie unze gold
war meine antwort

elfi blickte verträumt
zu ihrem dornröschenschuppen

charlotte riss sie aus ihren überlegungen
mit dem argument
dass sie doch nicht an der weiteren
verblödung der menschheit
beteiligt sein wolle

nein meinte elfi
ich glaube da steht noch
ein alter webstuhl

was galt es in der sache jetzt zu tun
zumal mir elfi dann noch mitteilte
dass bonsais besuchergruppen
mittlerweile bereits dorfgespräch sind

der letzte fietzeausflug der landfrauen
führte direkt am hexenhaus vorbei
am angrenzenden pferdestall
wurden die räder abgestellt
für ein gutes stündchen rast gemacht
und geschickert
in der zeit ging bei bonsai
die post ab

vor den augen der landfrauen
stöhnte ich
dann dürfte der pfarrgemeinderat
ja auch schon bescheid wissen

der ganze ort zerreißt sich das maul
meinte elfi
und das schon seit geraumer zeit
sam meint dass er sich schämt
und am liebsten auswandern würde

wer ist sam
fragte ich

der entnervte eigentümer des anwesens
und nicht mehr stolze besitzer
des hexenhauses
das hat uns noch gefehlt

mein vorschlag war
über die ganze angelegenheit
ein zwei nächte zu schlafen
und dann gemeinsam einen plan
zu erarbeiten

elfi versorgte uns noch mit einem tütchen
ihrer überaus köstlichen vollwertkekse
bevor wir ihr gastliches heim verließen

*WW*ir mussten eine weitere nacht
im penthaus verbringen
charlotte hatte herausgefunden
dass bonsai sich noch nicht beruhigt
hatte und dass er uns auf dem hof
vor den nachbarn schlecht machte

er behauptete dass äugelchen
ihm ins bett gemacht habe
und er sein wildseideoberbett
wegschmeißen musste
charlotte war zornig
ich auch
jetzt lügt er auch noch der schelm

vor allen dingen liebes lieschen
musst Du berücksichtigen
dass die stromkosten geteilt werden
bonsai uns an den erträgen seiner ernten
nicht beteiligt hatte und auch nicht wollte
dass wir davon etwas wissen

ich finanziere sein gewächshaus

und das gefasel um seine armen babys
das waren seine jungpflanzen
bonsai war es egal
ob es auf dem hof stinkt
hauptsache sein gewächshaus hatte licht

und der arme juri musste drei nächte
im technikraum verbringen
nicht zu fassen

außerdem hat bonsai
kein gewerbe angemeldet
zahlt darauf auch keine steuern
so geht das einmal gar nicht

und dann ging charlotte und mir
auch ein licht auf
warum bonsai unbedingt wollte
dass wir in das hexenhaus einziehen
wir sind anständige bürger
zumindest bin ich das
von charlotte wissen ja nicht viele
damit meinte er wohl
aus dem gerede zu sein

bonsai ist eindeutig zu weit gegangen
und ich schlug charlotte plan a vor
wir erschleichen uns bonsais vertrauen
spionieren ihn aus
und verraten ihn dann
für einen sack silberlinge

charlotte winkte ab und meinte
dass jede art von rachegedanken
schädlich für unsere weitere
spirituelle entwicklung sei
und auch nicht der sache diene

welche sache war meine frage

wir wollen doch die ganze angelegenheit
sauber zu ende bringen
antwortete sie mir
also musste plan b erarbeitet werden
aber darüber wollten wir besser
noch eine nacht schlafen

*N*achdem charlotte die lage gepeilt
und feststellen konnte
dass sich bonsai
wieder einigermaßen beruhigt hatte
sind wir wieder mit bella und den katzen
in das haus zurückgekehrt

ich versuchte einen betont
entkräfteten eindruck zu machen
wobei ich mir die mühe sparen konnte
bonsai ging uns aus dem weg

charlotte überredete mich am abend
bei grüneweh einem sehr netten
gasthaus das nur wenige minuten
vom hexenhaus entfernt liegt
auf eine kleine mahlzeit einzukehren

sie bestand darauf
einen tisch nahe dem tresen zu wählen

während ich einen überaus
schmackhaften salat verspeiste
füllte sich langsam der schankraum
mit den poahlbürgern der umgebung
es schien stammtischabend zu sein

im nu kam es zu einem regen
meinungsaustausch und charlotte
forderte mich auf gut zu zuhören

meine liebe Du weißt doch
dass ich kein fremdländisch verstehe
entgegnete ich

sie sprechen einheimisch
so genanntes platt
war ihre antwort

das ist für mich dasselbe
ich wurde hochdeutsch erzogen
charlotte seufzte war aber bereit
den dolmetscher zu spielen
ich bewundere ihre bodenständigkeit

jupp der schweinebauer
machte seinem unmut luft
ik kiek mi dat spill van düssen hanfbuur
nich mähr länger an
vandaage häbb ik dütt maol in de
neggente riege in mien maisfeld
twintig pötte met cannabisplanten funnen

charlotte flüsterte mir zu
er hat in der neunten reihe
seines maisfeldes zwanzig töpfe
mit cannabispflanzen entdeckt

darauf hubert der waldbauer
wann´n de nich ´t leste jaor in de
sebbente riege

meine güte lieschen
im letzten jahr standen die töpfe
in der siebten reihe

stimmt hubert
un daorüm häbb´ke de direkt vöör de
huusdööre
an´n schwienestall satt dat de bröörs
wett´t
dat ik nich däösig bün

lieschen dann hat er sie direkt
vor die haustür gestellt
damit die brüder bescheid wissen
wie jupp meint
bonsai ist schon lange dorfgespräch
das sind ja ganz neue erkenntnisse

maon dütt maol häbb ik de polizei ropp
dat de planten van ähr daor bünt
hennesatt wodden
et stonn ook kinne absender drup
up jeeden fall häff de polizei se
metnommen

jupp hat diesmal die polizei gerufen
die konnten den besitzer nicht
ausmachen und haben die pflanzen
mitgenommen

nich dat de bröörs
noch EU subventionen kriegt
meinte hubert

gelächter im schankraum

jupp meinte dann
bröörs und süsters maggs wa´ säggen

bruder und schwester
lieschen wer sich unter die kleie mischt
mitgefangen mitgehangen
mir wurde plötzlich ganz schlecht

anton der gemüsebauer brach dann aber
überraschender weise
eine lanze für mich
ne ik glööw nich dat de frou
met em under eene decke krüpp
dat huus und den gaorn süht bääter uut

na da bin ich froh
ist ja auch alles ordentlicher geworden

un ähre katten bünt sogaar up göören uut

häs du dat sehn anton

met eegene oogen

ja lieschen da staunst Du was
hat anton mit eigenen augen gesehen
dass meine miezen auf maulwürfe gehen
und das äugelchen ist dabei die beste

up alle fälle geht dat so nich wieder
meinte jupp
an dat huus geht de uhlenroute vöörbi
den kärl bräch de heele buurschup in´t
veroop
daor mött wi wat teggen doon

nickende zustimmung aller beteiligten

jupp hatte recht
die eulenroute ist eine
ausgewiesene radwanderstrecke
und führt am hexenhaus vorbei
bonsai bringt die bauernschaft ins gerede

und jupp hatte auch schon
einen plan a

ik häbb all met willi uut clarholz praot´t
nu nao karbid froggt
mon de häbbt dat up oostermaondagg
alles bi´t melkbüssenböllern verschotten.

jupp hatte in clarholz angerufen
wie mir charlotte erklärte
wird dort ostermontag mittels karbid
ein milchkannenböllern veranstaltet
jupp scheint wirklich sauer zu sein

wat wiss du dann met karbid jupp
warf anton entsetzt ein
dat schott mi so binnen
mon ik will mi dat nich länger ankieken

das kam ihm so in den sinn
weil er sich das nicht mehr länger
ansehen will
aber wie es schien hat jupp
zumindest seinen plan a zerschlagen

lieschen ich hatte den eindruck dass jupp
ganz schön sauer auf bonsai ist
alle anderen scheinbar auch
und weißt Du was der grund sein dürfte
ich denke mal es könnte daran liegen
dass bonsai alle außer sich
für blöde hält
diese annahme
beruht eindeutig auf einem irrtum
da vertut sich bonsai sogar schwer
könnte es vielleicht sogar sein
dass er alle unterschätzt
war meine überlegung

ich dachte mir
die gunst der stunde zu nutzen
und habe erst einmal den herren
eine runde spendiert
und mich mit meinem trinkspruch
nich lange schnacken
kopp in´n nacken
bei den poahlbürgern
richtig beliebt gemacht

der wacholder kringelte mir
die zehennägel kröselich
aber da musste ich durch

wir haben dann den abend
mit hochdeutsch weiter verbracht
charlotte hat sich diskret zurückgehalten
sie wollte auch nicht vorgestellt werden

auf jeden fall haben wir zwar
noch immer keinen plan
aber dafür jede menge verbündete
lieschen alles wird gut
für uns

lieschen ich schwöre nie wieder
schickere ich mit den bauern
mir war so schlecht
am morgen danach

gegen mittag
ging es dann wieder einigermaßen
den brand in mir habe ich
mit mineralwasser gelöscht
nie wieder wacholder und alt ich schwöre

so schlich ich den tag so vor mich her
am abend sprach mich bonsai an
und meinte dass er ziemlich stinkig
auf meine katzen sei und er leiden würde
ich sollte mir etwas einfallen lassen

siehst du meinte charlotte
er geht schon los
der leidensdruck

charlotte und ich haben uns dann
in meine räume zurückgezogen
und die tür zum kaminzimmer
einfach zugemacht

da mir der schädel immer noch brummte
habe ich beschlossen
die ausarbeitung für plan b
auf den nächsten tag zu verschieben

*a*ls die dunkelheit hereinbrach
nahm ich mir mein
meditationsdeckchen zur hand
und beschloss
für ein viertelstündchen
im steinkreis sitzend in uns zu versinken

es strahlt so viel ruhe
von diesem haus aus
ein igelchen huschte
zum fressnapf der katzen
es steht immer etwas futter
auf der kleinen terrasse
vor meinem eingang
wie besinnlich es doch hier ist
wie tief wir versinken

charlotte was ist das für ein
seltsames licht das dort in bonsais
arbeitszimmer so merkwürdig
aus der ecke strahlt
hast Du das schon vorher bemerkt

charlotte Du schweigst
sage jetzt bitte nicht
dass bonsai noch ein zweites
gewächshaus betreibt

charlotte dem bonsai ist nichts heilig
tabu hin tabu her
was ist dort oben los
sprich ohne furcht
wir sollten keine geheimnisse
voreinander haben

charlotte schwieg
ihr schweigen sagte mehr
als tausend worte

dieses licht störte
unsere meditation erheblich
und wir beschlossen
eine nacht über die neue erkenntnis
zu schlafen

am nächsten morgen
eröffnete mir charlotte
dass wir keinen plan
benötigen werden

ich muss gestehen
dass mich diese mitteilung
doch sehr verwirrte

stell dir vor
meinte meine charlotte
wir brauchen keinen plan
weil bonsai einen hat

charlotte war spionieren
ich fragte sie
ob das denn wohl erlaubt sei
im krieg und in der liebe
sind alle mittel erlaubt
konterte die gute
charlotte muss es wissen

sie meinte dass sie eine gute
und auch eine etwas
schlechtere nachricht hat
die gute nachricht war
bonsai hatte einen plan
die schlechte
bonsai benutzt weißes zauberpulver
das er sich durch die nase
wie schnupfpulver schnupft
und das ihm dann das gefühl gibt
dass er nicht mehr bonsai
sondern eine deutsche eiche sei

das hat mich schon wieder verwirrt
liebes lieschen
stell dir vor
charlotte erzählte mir
von straßen die sich bonsai
durch die nase zieht
manchmal spricht charlotte
wirklich in rätseln
aber ich muss ja nicht alles
verstehen müssen

aber diese neue erkenntnis
hat charlotte schon sehr
nachdenklich gemacht
in einer art wie ich es bei ihr
bisher noch nicht erlebt habe

sie meinte wir sollten vorsichtig sein
und
wir bräuchten jetzt nur noch
bonsais aktivitäten beobachten
auf seine aktionen
sinnvoll reagieren
dann wird alles gut
für uns natürlich

was allerdings bonsais plan angeht
sei die zielsetzung eindeutig die
charlotte und mich vor die tür zu setzen

da hatte sich bonsai
etwas vorgenommen
er rechnete ja nur
mit einem gegner

*lieschen lieschen hahaha
wir haben noch einen verbündeten
und eine lustige geschichte dazu
also
folgendes ist geschehen
hahaha
neulich abend bin ich noch schnell
mit bella und den katzen
eine kleine runde gassi gegangen
als wir zurückkamen
schlug sich bella plötzlich
in das unterholz und bellte laut*

*was gibt es denn da zu bellen
habe ich mich gefragt
und bin hinterher*

*stell dir vor lieschen
da lag in tarnkleidung ein mann
den ich trotz auffälliger bemalung
sofort erkannte*

*sam Sie sind doch akademiker
rief ich aus
was machen Sie in dieser aufmachung
zu dieser zeit an diesem ort*

*sam stotterte nur herum
bellas plötzliche attacke
hatte zum kurzzeitigen verlust
seiner muttersprache geführt*

sam Sie spionieren doch nicht etwa
ihren mietern hinterher
sam konnte mir nicht antworten
er war völlig fertig

sam habe ich ihn gefragt
sam auf ehre und gewissen
spionieren Sie mich aus

nein nein nein
war seine antwort
wen beobachten Sie dann
fragte ich ihn
er sah mich sehr schuldbewusst
aber auch verzweifelt an
da wurde es mir klar
bonsai war das objekt der beobachtung

sam habe ich gesagt
und ihm die hand dabei gereicht
sam willkommen im club

ach lieschen sam strahlte
ich habe ihn dann eingeladen
am abend fand ja wieder ein treffen
der konspirativen vereinigung statt
sam wollte sich frisch machen
und auch dort erscheinen

siehst Du lieschen
so langsam kommt bewegung
in die angelegenheit

es ist ein schönes gefühl
nicht alleine zu sein
und verbündete zu haben

*t*atsächlich fand sich
ein größerer kreis in der hinterstube
der gaststätte grüneweh ein
diesmal beschloss ich allerdings
eine leichte magenverstimmung
vorzutäuschen
die mich dazu zwang
nur tee zu trinken
lieschen der war köstlich
und liebevoll zubereitet

sam stieß auch zu der gruppe
und sah auch wieder aus wie ein mensch
wir hatten allerdings vereinbart
die umstände unserer ersten begegnung
für uns zu behalten
und auch charlotte wollte nicht
in erscheinung treten
sie sah ihr wirken eher als das an
was man gemeinhin als das tun
einer grauen eminenz bezeichnet
übrigens war sogar ein vertreter
des örtlichen pfarrgemeinderates
anwesend
daran kannst Du erkennen
liebes lieschen
die angelegenheit wurde
als sehr wichtig eingestuft

elfi eröffnete die gesprächsrunde
wir beschlossen aber
keinen schriftführer zu benennen
ein protokoll sollte auch nicht
erstellt werden
es musste auch so gehen

natürlich hatte ich mich kundig gemacht
und teilte der versammlung mit
dass bonsai neuerdings
auch noch kokst
das ist der fachbegriff wenn sich jemand
dieses weiße pulver das kokain heißt
durch die nase zieht
allerdings habe ich es mir verkniffen
meinen üblichen vortrag über herkunft
et cetera zu halten
charlotte dankte es mir
mit einem sanften lächeln
elfi auch

sam hörte mir aufmerksam zu
als ich von äugelchens aktivitäten
in bezug auf bonsais gewächshaus
im oberen geschoss des hauses
berichtete und meinte dann
dass das in der tat kein grund
für eine kündigung durch bonsai sei
sehr wohl sei es aber für ihn sam
ein sogar fristloser kündigungsgrund
solche gewächse im hause und auch
drum herum anzubauen

lieschen wir hatten einen hebel
den wir ansetzen konnten

sam teilte der versammlung mit
dass er eine hausbesichtigung plane
diese allerdings ankündigen müsse

dann hat bonsai doch zeit
alle spuren zu beseitigen
meinte jupp
das sollten wir riskieren
antwortete sam
irgendwo müssen wir doch ansetzen

als der wacholder die runde machte
zog ich mich diskret mit charlotte zurück

*i*n den nächsten tagen ließ bonsai
lautstark seinen unmut
über meine katzen aus
und teilte mir im anschluss
an seinen ausbruch mit
dass ich mir
eine neue bleibe suchen soll
und das am besten
so schnell wie möglich

nun war es raus
und ich konnte beleidigt meinen rückzug
aus den gemeinschaftsräumen antreten

charlotte konnte dann allerdings
in erfahrung bringen
dass bonsai sich seinen traum
von kiffers heaven erfüllen wollte
und dass er darauf spekulierte
dass ich ganz schnell das weite suche
und ihm den liebevoll gestalteten garten
kampflos überlasse

er trieb es tatsächlich auf die spitze
und behauptete frech
dass sich alles in und um das haus
in seinem eigentum befinde
und ich solle die augen zumachen
dann könnte ich sehen
was mir gehöre

charlotte war entsetzt
ich auch
aber das ist die wirkung des
zauberpulvers
es verursacht größenwahn

*S*am hatte seine hausbesichtigung
für das ende der woche geplant
und bonsai kurzfristig informiert
dann war erst einmal ruhe im haus
denn bonsai geriet in panik
ausgerechnet zum wochenende
an dem sein hauptgeschäft lief
kam ihm eine hausbegehung
überhaupt nicht gelegen

entzückt berichtete charlotte
wie bonsai seine pflänzchen
die übrigens kurz vor der ernte standen
und äußerst sensibel
auf jede veränderung reagierten
behutsam ausgrub in nottöpfe setzte
mit altkleidersäcken tarnte
und einzeln im schutz der dunkelheit
aus dem haus trug

er hat sie dann bei einem kiffbruder
in dessen badezimmer zwischengelagert
wo der hund des knaben
sie in der nacht gehörig markierte

die elektrik musste bonsai abmontieren
die räumchen säubern
und mit raumspray behandeln

die aktion dauerte die ganze nacht
und am nächsten morgen
ließ er sich völlig erschöpft
in seinen sessel fallen
musste erst einmal
zauberpulver nehmen
um wieder fit zu werden
als ihn sams anruf erreichte
der die besichtigung leider
auf montag verschieben musste

bonsai hatte schaum vor dem mund
und charlotte und ich unseren spaß

*b*osai hatte viel zu tun
das lenkte ihn von aktionen
gegen mich ab
so musste er seine gewächse
wieder aus dem badezimmer
seines kumpels räumen
da dieser am wochenende besuch
von seiner erboma erhielt
und die durfte von der kifferei
nichts erfahren
weil sie von kiffern nichts hielt
was ich nachvollziehen kann

so war bonsai über das wochenende
mit dem verschieben seiner pflanzen
beschäftigt und musste natürlich
auch noch im import tätig werden
denn die nachfrage schien
enorm zugenommen zu haben
es ging zu wie in einem taubenschlag

mittlerweile blickten schon
die nachbarn äußerst argwöhnisch
auf das rege treiben
was bonsai natürlich nicht mitbekam
das ist der vorteil des zauberpulvers
es scheint eine art tunnelblick
zu erzeugen und macht stumpf
und bonsais zu deutschen eichen

so schien es und
das diente unserer sache
wieder klatschten charlotte und ich
in meine händchen

natürlich wurde sam
an dem montag nicht fündig
in dem sinne
dass er kündigungstechnisch
einen erfolg hätte feiern können
aber er hatte bonsai fürs erste
die lust am hobbygärtnern
gründlich vermasselt

ich beschloss
sam von charlotte zu erzählen
sollte er mich ruhig für verrückt halten
aber er tat es nicht
sondern hörte gespannt zu wie ich
von charlottes informationen berichtete
lachte herzlich und meinte
dass die spöökenkieker
eine lange tradition in der region hätten

im laufe der woche versuchte
bonsai dann seine anlage
wieder in betrieb zu nehmen
die lampen hatten allerdings
das hin und her nicht so gut überstanden
die birnchen brannten durch
und die pflanzen standen im dunkeln
bonsai schien vom pech verfolgt zu sein
erst äugelchen jetzt das
dabei hatte er sich das ganze
so schön vorgestellt
bonsai hat geweint
teilte charlotte mir mit

hör auf zu lachen lieschen

bonsai wurde größenwahnsinnig
die geschäfte liefen wie nie zuvor
und er schien richtig viel geld zu machen
so bestellte er plötzlich
einen landschaftsgärtner
der meinen teich erweiterte
auf einmal standen japanische statuen
neben altgriechischen amphoren
mitten auf der wiese
gleich neben einer
knüppelholz sitzgarnitur

jeden der vorbeikam
packte das nackte entsetzen

selbst die elfen und waldgeister
zogen sich verstört zurück
das gezwitscher der vögelchen
verstummte
wenn er seine musikanlage aufdrehte
die den hof beschallte
seine kundschaft wurde immer dreister
bis spät in die nacht
quietschten autoreifen
brüllten motoren auf
grölten gestalten durch den wald
es wurde unzumutbar

sam erwies sich dann als retter
und schlug in begleitung
einer polizeistreife auf
die haben das muntere völkchen
dann ganz schnell vom hof vertrieben

*b*ei der nächsten zusammenkunft
im landgasthof grüneweh
ließen dann einige bürger
richtig dampf ab

bonsai hatte es wieder
auf die spitze getrieben

der konsum des zauberpulvers
machte sich auch
bei seinem fahrstil bemerkbar
und weil er wohl
aus gründen seiner sicherheit
die alten schmugglerstraßen benutzte
die jetzt wirtschaftswege sind
kam es wie es kommen musste
und er drängelte
ohne es überhaupt zu bemerken
eine joggerin vom rechten weg ab

zum glück ist die gute
dabei nicht zu schaden gekommen
bonsais pech allerdings war
dass er ausgerechnet
die frau des stellvertretenden
bürgermeisters erwischt hatte

hubert meinte
diese hätte sofort
eine anzeige bei der polizei
machen sollen

da wurde agnes
so heißt die zarte
auf einmal so merkwürdig
und meinte mit einem augenzwinkern
da mache ich doch keine anzeige
da telefoniere ich
mit jemanden
der jemanden kennt

die versammlung applaudierte
und nachdem huberts vorschlag
angenommen wurde
genehmigten wir uns noch einen
wacholder für den heimweg

*h*ubert hatte einen genialen
plan den er zeitnah
in die tat umsetzte
natürlich unter mithilfe
seiner direkten nachbarn
hubert ist ja auch vorsitzender
des örtlichen sportvereins
so war es für ihn kein problem
über seinen landesverband
plakate zu besorgen

lieschen
so schnell konnte ich nicht
blaubeerkuchen sagen wie entlang
des wirtschaftsweges zur hofanlage
der direkt an huberts feld liegt
große reklametafeln standen

und es prangte in großen lettern
keine macht den drogen
keine macht den doofen
stoppt den drogentourismus
und so weiter und so fort

das war der wink mit dem zaunpfahl
den bonsai aber nicht bemerkte

seine kundschaft übrigens auch nicht
lieschen Du wirst es nicht glauben
das hat die brüder und schwestern
in keinster weise tangiert

bei unserem nächsten treffen
wurde dieser punkt zur sprache gebracht
und wir diskutierten darüber
ob der vermehrte genuss dieser stoffe
vielleicht zum reanalphabetismus
führen kann
wir kamen zu dem ergebnis
dass es eher eine verblödung
auf ganzer ebene sein musste

hubert hatte das gefühl
versagt zu haben
ich habe ihn getröstet und
auch im namen der gruppe
für die ich durchaus sprechen durfte
gesagt dass diese seine aktion
dazu beigetragen hat
den zusammenhalt
unserer gruppe zu stärken

und auch dass damit nach außen
ganz deutlich gezeigt wird
dass hier vor ort
der widerstand wächst

die plakatwände bleiben stehen
bis zur ernte auf jeden fall

obwohl so richtig
hatte keiner mehr geduld
die endphase wurde
mit einem wacholder eingeläutet

*l*ieschen im hexenhaus
spitzte sich die lage dramatisch zu
es verging kein tag
an dem bonsai nicht wütend nachfragte
ob ich endlich eine neue bleibe
gefunden hätte

ständig gab es irgendwelche
mobbingversuche
das zehrte schon an charlottes
und meinen nerven
so rief ich agnes an
und fragte sie
was ihre telefonate mit jemanden der
jemanden kennt
denn schon erreicht hätten

sie sprach mir mut zu
und meinte
dass sie da schon etwas
auf den weg gebracht hätte

sam wirkte sehr besorgt und meinte
ob es nicht ein zu großes risiko sei
mit einer person die eine solche
problematik aufweist
unter einem dach zu leben

ich habe ihn beruhigt
und meinte
dass charlotte die dinge
sehr aufmerksam beobachtet

trotzdem sollten wir uns
unbedingt eine lösung einfallen lassen
zumal bonsai mir die räumung
meiner wohnung
für das kommende wochenende
angekündigt hatte

aber das glück kam uns zu hilfe
in gestalt von marlice
die mir beim shoppen über den weg lief
marlice hatte seinerzeit die verträge
für mein unternehmen
unter dach und fach gebracht
und war mein augenstern
dann hatte sie diesen texanischen ölmulti
kennen gelernt
der sie vom fleck weg heiratete

marlice konnte das langweilige leben
das sie mit diesem krösus führte
aber gott sei dank nicht lange ertragen
kam zurück und ließ sich in der
kanzlei fuchs fuchsig und fuchsiger
nieder

war das eine freude für mich
und obwohl sie sich vor mandanten
nicht retten konnte
habe ich sofort einen termin
bei ihr erhalten
und wir fielen uns freudig in die arme

marlice fragte mich zugleich
warum ich in der angelegenheit bonsai
nicht das gespräch mit der polizei
gesucht habe
ich meinte darauf
das aufgrund vager verdachtsmomente
keine polizeilichen maßnahmen
zu erwarten seien
zumal konkrete informationen
doch nur von charlotte übermittelt werden

da sich marlice nach wie vor weigert
die existenz charlottes anzuerkennen
und sie auch nicht mit geistern redet
konnte sie meine begründung
zumindest in dieser hinsicht
nachvollziehen
dann sah sie mich an und meinte
dass sie sich im laufe der woche
bei mir melden würde

d ie konspirative bürgerinitiative
stoppt bonsai
traf sich außerordentlich bei grüneweh

nachdem wir beschlossen hatten
an dem abend dem wacholder
nicht arg zuzusprechen
und bei hochdeutsch zu bleiben
eröffnete ich der versammlung
dass bonsai plane
mich am kommenden freitag zu räumen

sam wurde laut und meinte
wenn einer räumt dann ich
was ihm die zustimmung
der versammlung einbrachte

dann wurde ich gefragt
welche maßnahmen ich bereits
eingeleitet habe um diesem
unhaltbaren zustand zu begegnen

ich teilte mit dass ich begonnen habe
die ganzen ereignisse in buchform
aufzuschreiben einen verleger
hätte ich auch schon gefunden
und alle anwesenden bekommen
eine rolle in dem buch

die versammlung schwieg

dann würde ich jeden abend
in meinem steinkreis meditieren
und im anschluss werden meine räume
durch räuchern mit weißem salbei
gereinigt den auch die schamanen
benutzen um das böse fernzuhalten

die versammlung schwieg wieder

dann hatte ich ja dieser tage
ein gespräch mit marlice
die wollte sich kümmern
und sich dann bei mir melden

agnes fragte
doch nicht die marlice
von fuchs fuchsig und fuchsiger

doch gerade die
antwortete ich ihr

dann wird alles gut
meinte agnes

jupp fragte wieso sie das wüsste
pah meinte agnes
ich kenne marlice
die redet nicht
die handelt
und das richtig

trotzdem warf hubert ein
trotzdem müssen wir
am freitag auf dem plan stehen

schlage vor
wir bilden arbeitsgruppen
und am freitag treffen wir uns
an der hofstelle

ein wacholder als absacker
beendete die versammlung

lieschen alles wird gut
auf marlice ist verlass

marlice rief mich tatsächlich an
teilte mir mit dass sie mir freitag morgen
höchstpersönlich zur seite stehen wird
und auch entsprechende rechtliche
schritte eingeleitet habe

das beruhigte charlotte und mich
ungemein

*b*onsai hatte stress
hin und hergerissen zwischen
seinen importgeschäften
den regen kundenkontakten
den besuchen seiner
innen und aussenausstatter
die er mittlerweile schon
fest engagiert hatte
musste er schließlich auch
ganz viele gedanken der praktischen
umsetzung meiner räumung widmen

das kostete kraft
und da er ja nicht als kleines kind
in einen topf mit zauberpulver gefallen ist
musste er sich diesen energiespender
täglich neu zufügen
was seinen organismus so stark
aufdrehte dass er nachts
nicht mehr schlafen konnte
er sah den sinn
eine zauberpulverpause einzulegen
schon deutlich

charlotte berichtete mir
dass er abends den versuch startete
sich das koksen mit kiffen zu entziehen
sie meinte
der gute wille sei zu erkennen
aber morgens würde er sich so
erschlagen und auch so tief traurig fühlen
und dann musste er einfach wieder
seinen rüssel in das pulver stecken

der arme bonsai
er sollte dringend auf kalten entzug
aber alleine wird er das nie schaffen
lieschen wenn ich dir einen guten rat
geben darf
lass bloß die finger von den drogen

wie dem auch sei
agnes und elfi riefen täglich bei mir an
und sprachen mir mut zu

von charlotte konnte ich erfahren
dass bonsai seinen zugriff
auf meine habseligkeiten für die
mittagszeit vorgesehen hatte
da er sich morgens
dringenden geschäften
widmen musste
wir hatten also etwas zeit gewonnen

das kam auch der bürgerinitiative
sehr recht die meisten mussten ja noch
vormittags vieh land und haus versorgen

am donnerstag habe ich dann noch
zwei flaschen wacholder besorgt
und beim dorfbäcker schnittchen
und belegte brötchen bestellt
die sollten dann freitag geliefert werden

so war ich gut vorbereitet da konnte
nichts mehr schief gehen

ausgeschlafen und gutgelaunt
begrüßte ich den freitagmorgen
mit einem frohen lied auf den lippen
es gab noch einiges zu tun
die fenster hatte ich am vortag geputzt
es war noch etwas ordnung zu schaffen
und der rasen musste gemäht werden

die bäckersfrau brachte
den kleinen imbiss
es konnte losgehen

Und richtig hielt kurz vor mittag
eine art möbelwagen vor dem haus
zwei männer stiegen aus
so wie die aussahen war mit denen
nicht gut kirschen essen
sie blieben in der einfahrt stehen
und schienen auf jemanden zu warten

mir wurde mulmig
wo blieb nur marlice

dann kam ein wagen vorgefahren
aus dem stiegen ebenfalls zwei männer
die machten ein sehr ernstes gesicht
fingen an die übergroßen mingvasen
die bonsai mit buchsbaum bepflanzt
hatte und die die einfahrt zierten
mit kleinen aufklebern zu versehen

ob bonsais eigentum gekennzeichnet
wird um es von meinem zu
unterscheiden

mir wurde immer schlechter
da kam endlich marlice
und brachte einen mann mit
den sie mir als zuständigen
gerichtsvollzieher vorstellte
und der bonsai eine verfügung
überreichen sollte die sie erwirkt hatte

wird nichts mit räumung
sagte sie lachend
sonst gibt es kasalla hahaha

ich schickte marlice
gleich zu den ernsten männern
die fleißig aufkleber klebten

agnes kam dann auch
merkwürdigerweise begrüßte sie
auch die möbelpacker freundlich
ich verstand gar nichts mehr
und schickte meine charlotte
zum spionieren

lieschen was soll ich sagen
von jetzt auf gleich schien es mir
als seien völkerstämme in bewegung

hubert hatte ein fernsehteam
angeschleppt das gleich
ein interview mit mir machte

bei der gelegenheit
habe ich natürlich nicht versäumt
für mein neues buch hexenhausgeflüster
ordentlich werbung zu machen

von bonsai war weit und breit
nichts zu sehen

jupp kam auf seinem trecker vorgefahren
und brachte alle nachbarn gleich mit
das fand das fernsehteam toll
denn die trecker waren
mit transparenten geschmückt
auf denen geschrieben stand
stoppt bonsai
einen orden für äugelchen
immer wieder widerstand
keine EU subventionen für haschbauern
und so weiter und so fort
das sah richtig bunt und schön aus

da bin ich erst einmal
mit klaren roten und wacholder
herum gegangen
es kam richtig volksfeststimmung auf

die ernsten männer waren übrigens
die gerichtsvollzieher vom zuständigen
kreis und die möbelpacker waren
mitarbeiter des bauhofes

bonsai hatte völlig vergessen
für seine kinder unterhalt zu zahlen
und da der kreis in vorlage trat
weil bonsais frau darum gebeten hatte
und er dort angegeben hatte
dass er nicht nur vergesslich sei
sondern auch arm wie eine kirchenmaus
wollten die sich einmal selbst ein bild
der lage machen

ich denke dass agnes
ihren telefonhörer im spiel hatte

auf jeden fall verschwanden die
mingvasen mitsamt dem buchsbaum
in den transporter
der amerikanische kühlschrank
das große aquarium samt fische
und auch das rosa farbene designer sofa
alles sollte unter den hammer

und von bonsai noch immer
weit und breit nichts zu sehen

dafür fuhr aber schon
seine kundschaft vor
die sich das spektakel
sparsam aus der wäsche blickend
betrachtete

endlich kam bonsai angefahren
ihm folgend zwei autos
jetzt hat er schon eskorte

und wie bonsai
mit seinen einkaufstütcn ausstieg
war er auch schon umringt
von fernsehteam kundschaft
gerichtsvollziehern
und wütenden bauern

die männer aus seiner eskorte mussten
ihm und seiner kundschaft
den weg zum haus bahnen
und begleiteten ihn nach oben
bonsai war völlig verwirrt
wie charlotte berichtete
seine eskorte ließ ihn
seine geschäfte tätigen
und stell dir vor lieschen
das war gar keine eskorte
das waren zivilfahnder
und so schnell wie bonsai oben war
kamen er und seine kundschaft
wieder herunter
und weil bonsai so empfindliche
handgelenke hat
haben die beamten extra die
rosafarbenen plüschhandschellen
für ihn mitgebracht
die trug er nun
es wimmelte dann plötzlich auch
von polizeibeamten
die wollten keinen wacholder
griffen aber gerne
auf die schnittchen zurück
elfi war mit den tabletts unterwegs

und dann stand sam plötzlich
auf einem der traktoren
hatte ein megaphon in der hand
und tönte über die ganze hofanlage
herr bonsai ich kündige ihnen
hiermit fristlos und in dem moment kam
die örtliche blaskapelle ums eck

und brachte ein ständchen
das bekam bonsai nur noch
in einer grünen minna
im wegfahren mit
ich habe dann ganz schnell
beim partyservice angerufen
die brachten dann noch moos mit wurst
das ist lecker grünkohl
alle hatten schließlich ordentlich hunger
anton hatte den bierverleger im
schlepptau und nachdem wieder platz im
garten war wurde dort ein zelt aufgebaut
und ordentlich gefeiert

ein wenig erschöpft ließ ich mich
neben elfi auf meinem gartenstuhl nieder
und wir betrachteten äugelchen
wie sie sich von sam mit leckereien
füttern ließ

siehst Du lieschen
äugelchen hat den stein ins rollen
gebracht sie ist wirklich
eine außergewöhnliche katze
und wie konni schon sagte
man muss nicht vollkommen sein
um etwas besonderes zu leisten
in diesem sinne lieschen
schicke ich dir
auch im namen von charlotte
einen lieben gruß
aus dem hexenhaus
deine
lyr-ich

Anmerkungen

In der Gemeinde Clarholz wird Ostersonntag mittels Karbid, oder auch Carbid, und Milchkannen das so genannte Osterböllern veranstaltet. Durch das hohe Gefahrenpotenzial ist das Carbidschießen in Deutschland verboten.

─────

Als *Spöökenkieker* werden im westfälischen und im niederdeutschen Sprachraum, speziell im Emsland, Münsterland und in Dithmarschen, Menschen mit „zweitem Gesicht" bezeichnet. Der Begriff *Spöökenkieker* kann dabei in etwa mit „Spuk-Gucker" oder „Geister-Seher" übersetzt werden. *Spöökenkiekern* wird die Fähigkeit nachgesagt, in die Zukunft blicken zu können.

─────

Mein Dank gilt Gertrud und Wilhelm Elling aus Vreden für ihre Mithilfe bei den Beiträgen der Westmünsterländischen Mundart.

─────

Ganz besonders danke ich meinem Freund Dr. Wolfgang Westphal aus Rhede für seine Unterstützung.

─────

Vielen Dank Renate Berkemeier für die Kameraunterstützung

und

natürlich meinen besonderen Dank
Katja (Charlotte) Stahlhauer

———

Weitere Veröffentlichungen:

der tiger am gelben fluss

Texte und Illustrationen

ISBN 978-3837038224

briefe an lieschen

Ein modernes Märchen für Erwachsene

ISBN 978-3837038415

www.sylvia-b.de